DAS KANN ICH SCHON

1 Was fliegt durch die Luft? Setze die Wörter zusammen.

Flie Wes
Ad Eu Bie
Mö Mei

we ler
ne ge
le se pe

2 Vervollständige die Sätze mit den Tieren von oben.

Ich lebe in einem Stock und habe eine Königin. ____________

Ich bin eine ____________ und werde nur einen halben Zentimeter groß .

Ich habe eine schwarz-gelbe Färbung. ____________

Ich bin eine ____________ und fliege geräuschlos durch die Nacht.

Ich gehöre zur Familie der Greifvögel. ____________

Ich bin eine ____________ und habe Schwimmhäute zwischen den Zehen.

Ich singe zeitig am Morgen in den Gärten. ____________

Das brauche ich

1 Welches Kind hat was geschrieben?
Verbinde und trage den Namen ein.

2 Wie müssen die Sätze heißen? Schreibe sie richtig auf.

Karl schreibt mit seiner Brotdose / seinem Stift vier Wörter.

Tina holt ein Brötchen aus ihrer Brotdose / ihrem Schwamm.

Paula malt ein Bild in ihr Heft / in ihr Lineal.

Pia wischt die Tafel mit einem Heft / mit einem Schwamm ab.

Nele zieht ihre Jacke / ihren Stift an.

Pedro unterstreicht ein Wort mit der Jacke / dem Lineal.

Inhalt

DAS KANN ICH SCHON

1 Was kann Mo?

2 Was kannst du?

3 Ordne die Buchstaben richtig in die Kästchen.

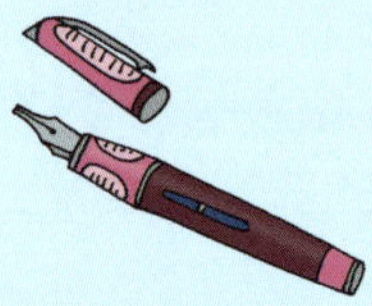

L L O T

Buchstabe

Anna hat einen roten Füller.

Tim trägt eine Brille.

Die Tafel im Klassenzimmer ist neu.

Auf dem Schulhof steht ein Trampolin.

Lösungswort:

Das Abc

1 Welches Wort kommt zuerst im Abc?
Schreibe sie in der richtigen Reihenfolge auf.

2 Trage die Wörter der Liste an der richtigen Stelle ein.

Abend
Brezel

Clown

Elefant

Iglu

Löwenzahn

Nase

Opa

Paket

Raupe

Rübe

Tisch

Wolken

Zauberer
Uhu
Ozean
Sonne
Qualle
Mond
Ofen
Jacke
Giraffe
Regen
Dose
~~Brezel~~

Selbstlaute

1 Kannst du die Wörter lesen? Gleiche Zeichen sind gleiche Buchstaben. Schreibe sie auf.

● a ⬟ e ◆ ✸ ▼

B▼rg, F◆sch, F⬟ll, K✸rb, B●ll

W●ss⬟r, M✸nd, ◆gl▼

S✸nn⬟nstr●hl⬟n

2 Schreibe den Text richtig auf.

M■tt■gs ■st die Sch■l■ v■rb■■.
T■m tr■fft s■ch m■t s■■n■m Fr■■nd K■rl.
B■■d■ g■h■n z■m F■ßb■lltrain■ng.
L■s■ w■rd v■n ■hr■r M■m■ ■bg■h■lt.
N■l■ g■ht z■r M■s■ksch■l■.

Umlaute und Zwielaute

1 Im Suchsel sind sechs Tiere mit Umlauten und sechs Tiere mit Zwielauten versteckt. Markiere sie und schreibe sie geordnet auf.

K	B	Ä	R	M	L	P	O	P	A	P	A	G	E	I
J	E	U	L	E	A	L	N	Q	Z	Y	L	Ö	W	E
S	H	A	I	G	B	E	U	T	E	L	T	I	E	R
K	R	Ö	T	E	H	H	M	A	U	S	L	F	I	W
U	V	L	A	U	S	D	S	R	Z	T	K	Ü	H	E
W	F	Ü	C	H	S	E	V	K	Ä	F	E	R	J	J

ä – ö – ü: ______________________________

____

eu – au – ei – ai: ______________________________

____

2 Verbinde Lösungswort und Bild. Verwende Wörter von oben.

Wer wandert im Frühjahr? ______________

Wer kann sprechen? ______________

Wer trägt sein Junges im Beutel? ______________

Wer gehört zur Familie der Katzen? ______________

Wer hat sechs Beine? ______________

Wer gibt Milch? ______________

Silben

1 Auf dem Plakat ist alles durcheinander.
Setze die Silben richtig zusammen.

2 Immer zwei Silben ergeben ein Wort.

RE – HÜM – LE – GEN – MU   Regen

HI – JO – STER – NY – NE – MÖ

RA – VO – ME – LO – GEL

NE – HU – BE – SON – VÄ

KEN – WOL – GU – IO – LI

ZEUG – FLUG – BLI – YA

1 Wie muss es heißen?

Radierbuch
Lesegummi

Stundenheft
Deutschplan

Federkreide
Tafeltasche

Schulregal
Zeichenhof
Bücherblock

2 Lies den Text. Beantworte die Fragen.

Alle sind wieder da. Tim möchte neben seinem Freund Karl sitzen.
Auf dem Stundenplan steht ein neues Fach, Zaubern.
Die Tür geht auf und die Hexe Trixi kommt hereingeflogen.
Ihr Zauberstab glitzert und funkelt in vielen Farben.

Was steht auf dem Stundenplan?

Wer ist Tims Freund?

Was glitzert und funkelt in vielen Farben?

Wie heißt die neue Lehrerin?

Name:

Erlebnisse im Herbst

1 Verbinde drei passende Sätze zu einer Geschichte.

Nele und Opa bauen einen Drachen.	An einem Regentag bastelt er mit Mama.	Ein kleiner Igel schnüffelt an einem Apfel.
Levin spielt im Garten Verstecken.	Als er fertig ist, wollen sie ihn fliegen lassen.	Der Wind lässt den Drachen schnell steigen.
Tom sammelt Blätter und Kastanien.	Plötzlich raschelt es am Gartenzaun.	Sie fädeln eine Schlange aus vielen Kastanien.

2 Schreibe eine der Geschichten weiter. Was könnte noch alles passieren?

Herbstwetter

1 Löse die Quizfragen.

N Halloween

Gans

3. Oktober

Störche

Kartoffeln

2 Wie heißen die Herbstsätze? Markiere sie mit verschiedenen Farben und schreibe sie auf.

Der Herbst	Nüsse und Früchte.	Das Wetter	nach dem Süden.
neblig und windig.	sammeln sich und fliegen	Das Eichhörnchen	Sommer und Winter.
liegt zwischen	vergräbt im Herbst	Die Zugvögel	ist an vielen Tagen

Menschen, Tiere, Pflanzen und Dinge

1 In jeder Zeile gibt es zwei Wörter, die nicht dazugehören.
Streiche sie durch und schreibe sie unten auf.

das Kind • der Bruder • das Pferd • die Lehrerin • der Hund • die Freunde

Das sind ______________________.

die Tulpe • das Moos • die Eiche • der Käfer • die Birke • die Biene

Das sind ______________________.

die Schlange • das Hemd • der Storch • der Tisch • das Geld • die Ampel

Das sind ______________________.

Nicht dazu gehören: ____

____

Das sind ______________________.

2 Was gehört wohin? Finde einen Oberbegriff.

Eisenbahn
Kuchenteller
Winterjacke
Teekanne
Gummistiefel
Puppenhaus
Brettspiel
Regenjacke
Suppenschüssel

____

____

____

Trinkbecher
Jeanshose
Autorennbahn
Kaffeetasse
Spielkonsole
Badeanzug
Handschuhe
Müslischale
Bausteine

Einzahl und Mehrzahl

1 Finde das Wetter-Wort.

t e t e r W	▸
S n n o e	▸
a e H g l	▸
d n i W	▸

W l o k e	▸
S n e e c h	▸
e i z t H	▸
R e e g n	▸

2 Welche Wörter haben eine Mehrzahl?

▸

3 Im Suchsel stehen schwere Mehrzahlformen. Markiere und ergänze sie.

K	A	K	T	E	E	N	B
I	L	E	X	I	K	A	D
P	I	Z	Z	E	N	S	M
B	J	A	L	B	E	N	F
A	G	L	O	B	E	N	U

das Lexikon – die ▸

der Kaktus – die ▸

das Album – die ▸

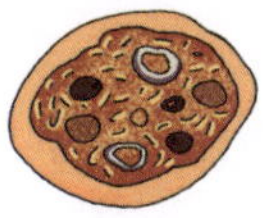
die Pizza – die ▸

der Globus – die ▸

Wir üben richtig schreiben

1 Schreibe die Wörter in die richtige Spalte. Finde noch weitere Wörter.

-el	-en	-er

2 Setze die fehlenden Wörter ein.

Paul macht Ferien hinter den  ________ auf einem Bauernhof. Über die Wiese laufen  ________.

Am Hoftor bellen  ________.

Auf der Wäscheleine trocknen 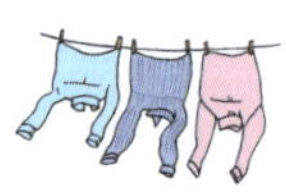 ________ und  ________. Pauls Familie macht ein Picknick.

Im  ________ sind viele leckere Sachen.

Die  ________ spielen Versteck.

KNOBELMEISTER

1 Halloween – welches Wort versteckt sich in den Bildern?

Spinnen

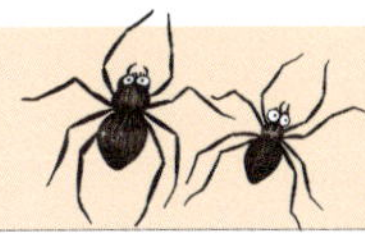

Fledermaus

Hexe

Kürbis

Gespenst

Kerzen

Skelett

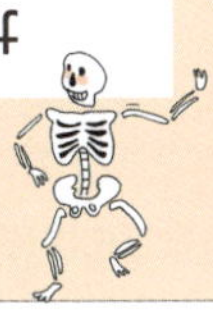

Hexenhut

Besen

2 Was kommt in deine Suppe hinein? Male oder schreibe ein Rezept.

Zutaten: NEKRUG NETAMOT SIBRÜK NENNIPS NEGEILF

Übersetze:

Einladungen

1 Kreuze an, welche Informationen die Einladungen enthalten.

Liebe Nele,

ich lade dich ganz herzlich zu meiner Übernachtungsparty ein. Es geht am 20. Juni um 18:00 Uhr los und ist am 21. Juni um 11:00 Uhr zu Ende. Vergiss deinen Schlafsack nicht!

Viele Grüße

- ☐ Wer ist eingeladen?
- ☐ Wozu ist eingeladen?
- ☐ Wann findet es statt?
- ☐ Wo findet es statt?
- ☐ Wer lädt ein?

Hallo,

ich lade dich ganz herzlich ein. Komm bitte am 15. Mai um 15:00 Uhr in die Waldstraße 3. Verkleide dich als lustiges Monster.

Viele Grüße

Karl

- ☐ Wer ist eingeladen?
- ☐ Wozu ist eingeladen?
- ☐ Wann findet es statt?
- ☐ Wo findet es statt?
- ☐ Wer lädt ein?

2 Entschlüssele die Einladung. Schreibe sie richtig auf.

liebeanna,
ichladedichzumeinerpiratenpartyam5.juniein
um14:00uhrtreffenwirunsimtorweg4
kommalsseeräuberverkleidet
vielegrüßemia

Feste und Partys

1 Zu welchem Ereignis wird eingeladen?

2 Schreibe eine lustige Einladung.

Ahoi Piraten,
Kapitän Tim lädt zum Seeräubergeburtstag ein. Wir gehen auf Schatzsuche. Bringt eure Augenklappen mit! Wir stechen um 15:00 Uhr in See und legen um 19:00 Uhr im Hafen wieder an.

Monsterparty • Nachtwanderung • Prinzessinnenparty • Pyjamaparty

Wie etwas ist

1 Finde passende Adjektive, die sich reimen. Setze sie ein.

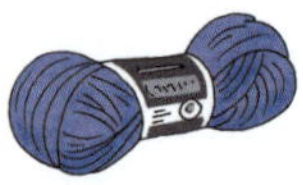

reich

dick

schlau

heiß

fein

tief

neu

toll

2 Unterstreiche die Adjektive. Wer ist gesucht?
Schreibe ein eigenes Beispiel.

Adjektive

1 Unterstreiche alle Adjektive, dann kannst du das Kinderzimmer ausmalen.

rot • Schreibtisch • Hochbett • laut • Regal • alt • Schrank • warm
bunt • Stuhl • breit • Teppich • hart • Puppenhaus • Inliner • klein
Roller • groß • Bücher • neu • Teddy • sauber • Schreibtischlampe
gelb • Eisenbahn • alt • schön • schwarz • Rennbahn • schwer

2 Was soll in deinem Kinderzimmer stehen?
Schreibe so:

ein großes Hochbett

Name: ____________________

Wir üben richtig schreiben

1 Wie viele Wörter stehen in jeder Zeile? Trage die Anzahl in das Kästchen ein. Schreibe die Wörter richtig darunter.

schwesterschnellschreiben

schriftschauenschönschere

schlafenschlauschneeschwerschneiden

schwarzschwammscheinenschuleschlagenschmutzig

2 Schreibe mit beiden gewürfelten Wörtern eine Wortgruppe oder einen Satz.

⚀	gesund	Oma
⚁	flüssig	Riese
⚂	laut	Ameise
⚃	mutig	Schlange
⚄	gelb	Gesicht
⚅	fremd	Schwan

1 Lies das Gedicht. Markiere gleiche Wörter mit gleicher Farbe.

rot
rot und heiß
heiß
heiß und lecker
rot
rot und lecker
rot und heiß und lecker
Tomatensoße

2 Schreibe selbst ein Gedicht in dieser Form.

____
________ und ________
____
________ und ________
____
________ und ________
________ und ________ und ________
____

Märchen erraten

1 Beantworte die Quizfragen. Markiere die Antwort.

1 Wie heißt der Bruder von Gretel?

Fritz	D
Hans	E
Hänsel	M

2 Wie lange schläft Dornröschen?

100 Jahre	Ä
10 Jahre	H
1 Jahr	R

3 Was fällt in den Brunnen des Froschkönigs?

Spindel	K
goldene Kugel	R
Spiegel	S

4 Welchen Lohn erhält die Goldmarie?

Pech	B
Gold	C
Silber	F

5 Wer gehört nicht zu den Bremer Stadtmusikanten?

Esel	J
Hahn	G
Fuchs	H

6 Woran erkennt man einen bekannten Kater im Märchen?

an den Stiefeln	E
an der Hose	L
an der Brille	N

7 Wobei hilft Rumpelstilzchen?

beim Spinnen	N
beim Malen	E
beim Stricken	M

8 Wie heißt die Schwester von Schneeweißchen?

Dornröschen	O
Gretel	R
Rosenrot	P

9 Wem helfen die Täubchen?

Sterntaler	Q
Aschenputtel	R
Hans im Glück	W

10 Wie viele Wünsche hat man im Märchen?

6	H
9	Z
3	O

11 Wen besucht Rotkäppchen?

Großmutter	F
Großvater	X
Hexe	Ü

12 Womit wird Schneewittchen vergiftet?

Keks	P
Apfel	I
Schokolade	M

2 Übertrage die Buchstaben. Finde das Lösungswort.

1	2	3	4	5	6	7	8	9	10	11	12

Verben

1 Lies die Informationen. Wie muss gespielt werden?
Markiere alle Verben.

- einen oder zwei Mitspieler suchen
- Spielfiguren auf Start stellen
- abwechselnd würfeln
- Augenzahl setzen
- Wortart auf dem Feld bestimmen

Wortkarte *Verb* **noch einmal würfeln**	Wortkarte *Substantiv/Nomen* **wieder zum Start gehen**	Wortkarte *Adjektiv* **einmal aussetzen**

2 Spielt gemeinsam.

Start ▶ / **Ziel**	fliegen	baden	leicht	zeigen	haben
lachen					reich
kleben					suchen
schwer					rechnen
Woche					finden
reden					fragen
malen					Kuchen
lesen	tanzen	schön	holen	legen	arm

SF S. 48

Name: ______________________

Verben verändern sich

1 Löse die Geheimschrift. Verbinde.

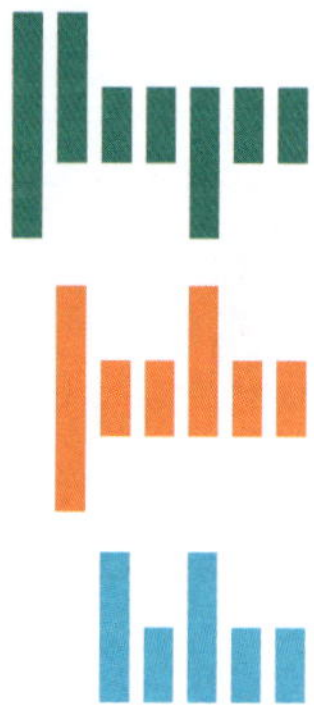

leben	lachen
fliegen	suchen
finden	fragen

2 Wähle ein Verb aus der Übung von oben und bilde Sätze.

auf dem Besen – die Hexe – davon

Die Hexe fliegt auf dem Besen davon.

der Prinz – Aschenputtel – nach

die Großmutter – Rotkäppchen – nach ihren großen Ohren

den Zwergen – Schneewittchen – bei

die Prinzessin – über das Kinn – von König Drosselbart

die goldene Kugel – der Froschkönig

Wer bin ich?

1 Setze die richtige Verbform von **haben** oder **sein** ein.

Ich ______ Hunger auf kleine Kinder!

Du ______ eine böse Hexe!

Wir ______ viel Spaß in Bremen!

Ihr ______ gefährlich!

Ihr ______ doch keine Angst?

Wir ______ ganz allein!

Der Baum ______ viele Früchte.

Mein Obst ______ reif!

2 Schreibe ein kurzes Märchenrätsel.

Ich bin eine alte Frau

und lebe allein.

Oft ______ ich meine

______ aus. Dann fällt

______ auf die Erde.

Ich bin ______

Ich bin ein armes

______

______

______

______

______

Wir üben richtig schreiben

1 Was passt nicht? Streiche das Wort durch.

zeigt – verzeigt – zeigen – zeige
lachen – gelacht – lacht – verlacht
brauchen – brauchst – überbraucht

schreiben – geschreibt – geschrieben
badet – baden – verbaden
klebe – klebt – kleben – wegkleben

2 Würfle immer dreimal. Schreibe deine Sätze richtig auf.

⚀	Ich	suchen	eine wunderschöne Prinzessin.
⚁	Du	finden	einen großen Schatz.
⚂	Der König	brauchen	eine goldene Krone.
⚃	Wir	zaubern	viele Goldtaler.
⚄	Ihr	machen	eine scharfe Hexensuppe.
⚅	Hexe und Zauberer	zeigen	einen neuen Zaubertrick.

⚀ ⚃ ⚃

Ich zaubere viele Goldtaler.

Name: ____________

1 Was gehört zusammen?
Male die Wege mit verschiedenen Farben nach.

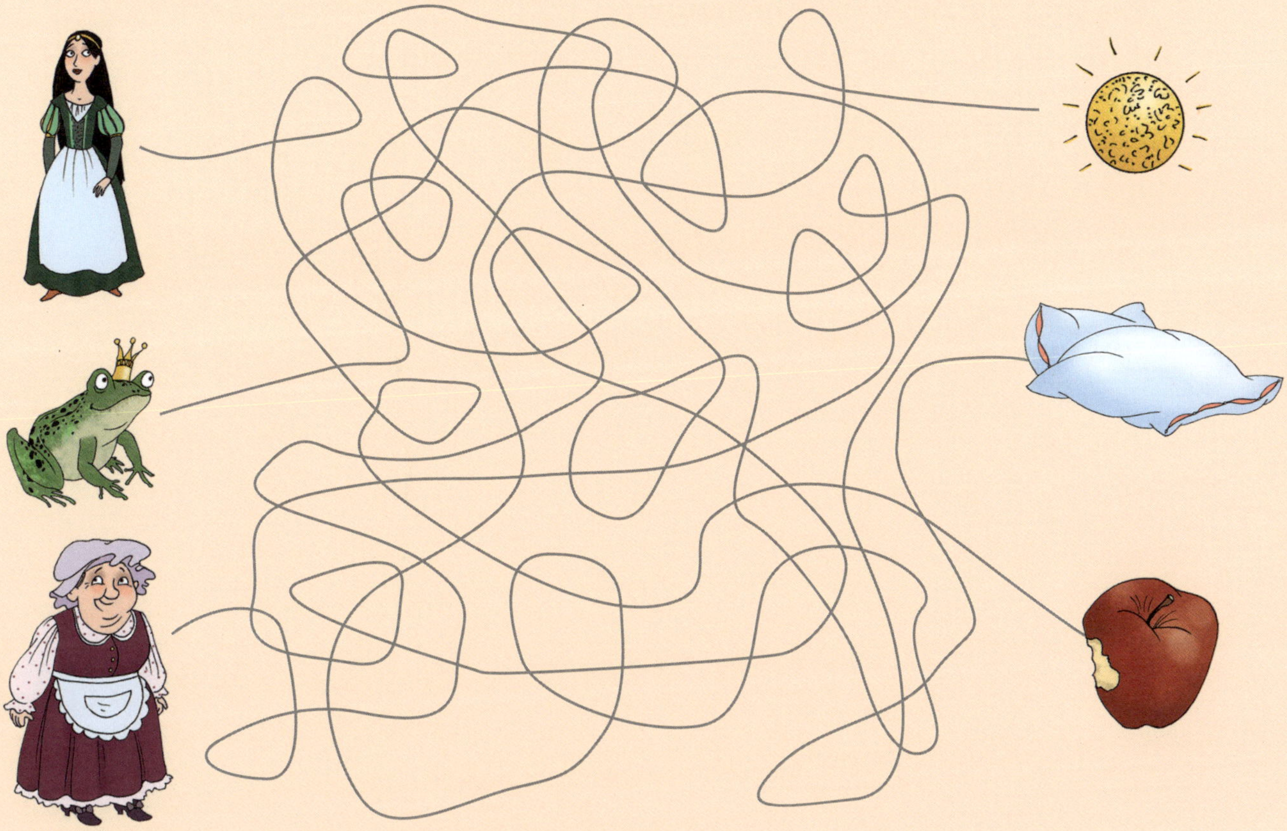

2 Lies die Sprüche. Wer sagt was? Male oder schreibe eine Figur in die Sprechblase und schreibe den Spruch richtig ab.

„Ich bin so satt, ich mag kein Blatt."

„Sieben auf einen Streich."

„Was rumpelt und pumpelt in meinem Bauch herum?"

„Knusper, knusper, knäuschen, wer knuspert an meinem Häuschen?"

Wortstamm und Endung

1 Ergänze die fehlenden Endungen.
Schreibe dann die Verbformen noch einmal auf.

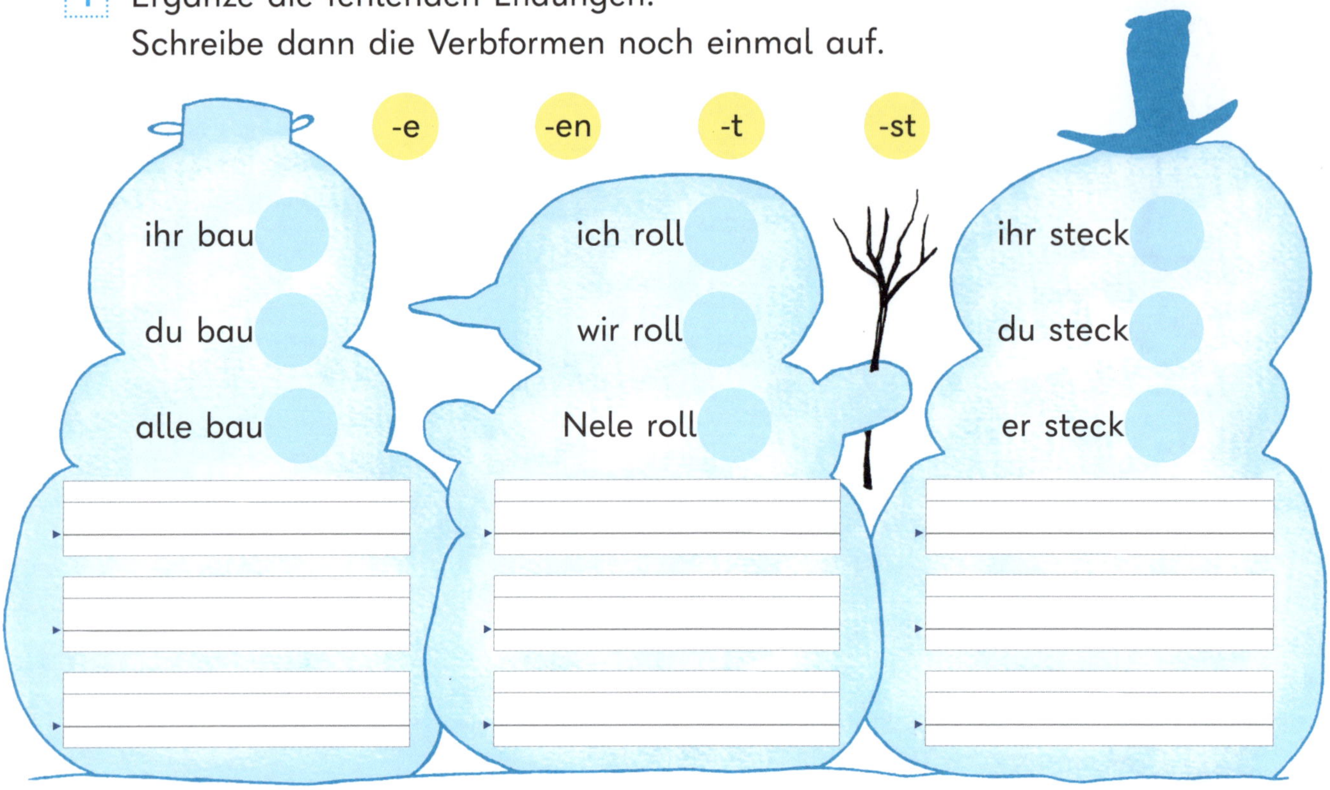

2 Markiere mit vier unterschiedlichen Farben,
welche Grundformen und Personalformen zusammengehören.

g	z	h	w	ü	n	s	c	h	e	z	h
n	g	n	ü	x	d	h	h	ö	r	s	t
f	s	ü	n	b	t	i	m	r	b	ä	g
t	f	v	s	h	k	a	d	e	z	u	k
e	c	s	c	i	e	w	h	n	l	a	s
u	f	ä	h	r	t	b	f	o	p	ü	l
d	l	i	e	s	t	r	e	t	e	b	e
w	q	c	n	v	s	r	g	w	b	x	s
d	s	a	r	g	z	h	f	a	h	r	e
l	e	h	ö	r	t	z	a	u	ö	m	n
s	l	w	ü	n	s	c	h	s	t	f	u
g	r	e	u	i	o	s	r	q	c	h	g
d	g	f	z	u	j	l	e	s	t	r	b
w	t	f	q	s	i	g	n	x	z	f	k

Aussagesätze

1 Schreibe zu jedem Bild einen Aussagesatz. Verwende die Wörter.

Schneeballschlacht

die Kinder – hin und her – Schneebälle – werfen

auf den Hut – zielen – Levin – vom Schneemann

Nele – am Kopf – treffen – Tim

2 Male auf, wie es weitergehen könnte. Schreibe einen Aussagesatz dazu.

Name:

Wir üben richtig schreiben

1 Trage die Wörter in das Rätsel ein. Die folgenden neun Übungswörter dürfen in jeder Zeile, in jeder Spalte, in jedem 3 x 3-Kästchen nur einmal vorkommen.
nicht – alle – kein – alles – nichts – ja – man – keiner – nein

nichts	*kein*	alles	ja	man	keiner	nein	nicht	alle
	man			nein		kein		keiner
nicht	nein		kein	alles		nichts	ja	
keiner	nichts				nicht		alle	kein
		ja		nichts		man	nein	nicht
man		kein	nein	alle	alles	keiner		ja
	ja	nicht	nichts	kein				alles
	keiner	man	alles		nein			nichts
	alles		alle	keiner	ja	nicht	man	

2 Verbinde, was sich reimt. Schreibe die Reimpaare ab.
Markiere die langen (_) und kurzen (.) Selbstlaute.

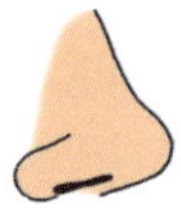 

 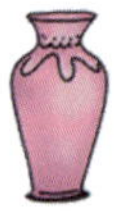

1 Entschlüssle die Geheimschrift.
Schreibe die Wörter nach dem Abc geordnet darunter auf.

1	2	3	4	5	6	7	8	9	10	11	12	13	14	15	16
A	B	C	E	F	H	I	L	M	N	O	P	R	S	T	U

5-8-1-14-3-6-4 4-10-15-4 2-7-13-10-4 2-16-14-3-6

5-7-14-3-6 12-11-14-15 15-16-13-9 14-3-6-13-7-5-15

2 Was kannst du alles im Winter machen? Schreibe vollständige Sätze.

Name:

Entschuldigungen

1 Entscheide dich und verbinde.

Einladung	Entschuldigung	Gratulation
Ich gratuliere dir herzlich zu deinem Geburtstag und wünsche dir alles Liebe und Gute.	Entschuldige meine Verspätung, der Bus ist mir vor der Nase weggefahren.	Herzlichen Glückwunsch zum Schulanfang, lieber Karl.
Liebe Kinder, ich lade euch herzlich zu unserem Sommerfest ein.	Liebe Mia, leider kann ich nicht zu deiner Nachtwanderung kommen, entschuldige bitte.	Hallo Kinder der 2a, wir laden euch am Mittwoch zum Osterbasteln ein.
Oh, ich wollte dich nicht anrempeln. Ich habe es einfach nicht gesehen, entschuldige bitte.	An die Klasse 2b, ihr seid alle eingeladen zu unserem Frühlings-fest, wir wollen Stockbrot am Lagerfeuer backen.	Herzlichen Glückwunsch zum 1. Platz beim Radrennen, lieber Louis.

2 Wie entschuldigt man sich? Schreibe es auf.

SF S. 69

Name:

Fragen und Antworten

1 Schreibe die Fragen zu den Antworten auf. Es gibt mehrere Möglichkeiten.

Abends spielen wir gern Karten.

Frage:

Auf der Wiese fliegen Schmetterlinge.

Frage:

Die Drachen fliegen hoch in der Luft.

Frage:

In einem Brief schreibe ich einen lieben Gruß am Ende.

Frage:

2 Wer fragt was? Schreibe die Fragen zur richtigen Person.

Können Sie mir bitte sagen, was das Brot kostet? • Hast du das Geld passend? • Haben Sie frische Brezeln? • Brauchst du eine Tüte?

Satzarten

1 Entscheide und setze die richtigen Satzzeichen. **! . ?**

Es hat heute Nacht heftig geregnet und gewittert

Auf den Straßen sind viele Pfützen

Wann scheint denn endlich wieder die Sonne

Pass auf, da vorne ist ein kleiner See

Können wir am Nachmittag vielleicht ins Schwimmbad

Hallo Nele, hole bitte noch den Schirm

So ein Schmuddelwetter

Jetzt regnet es plötzlich nicht mehr

2 Wähle einen der Jungen aus und markiere ihn.
Setze die Satzzeichen und schreibe ab.

Oh, ein Fisch an der Angel_

Kann ich einen Köder haben_

Hey, warte auf mich an der Halle_

Ich gehe heute angeln_

Wo stehen meine Sportschuhe_

Ich gehe in die Turnhalle_

Wir üben richtig schreiben

1 Entscheide dich für das richtige Wort und schreibe es auf.

Den Ring trägt man am Finger/Fuß ________.

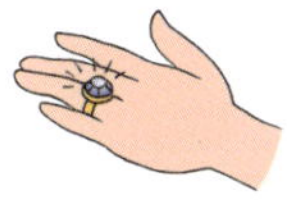

Tommi fängt/fehlt ________ den Ball.

Unser Auto wird gerade aufgetankt/aufgebracht ________.

Die Lehrerin bringt/brät ________ viele Dinge aus Papier mit.

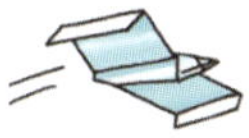

Die Bank/Birke ________ im Park ist neu gestrichen worden.

2 Markiere **ng** und **nk**. Welche Wörter gehören nicht in die Häuser? Schreibe sie darunter.

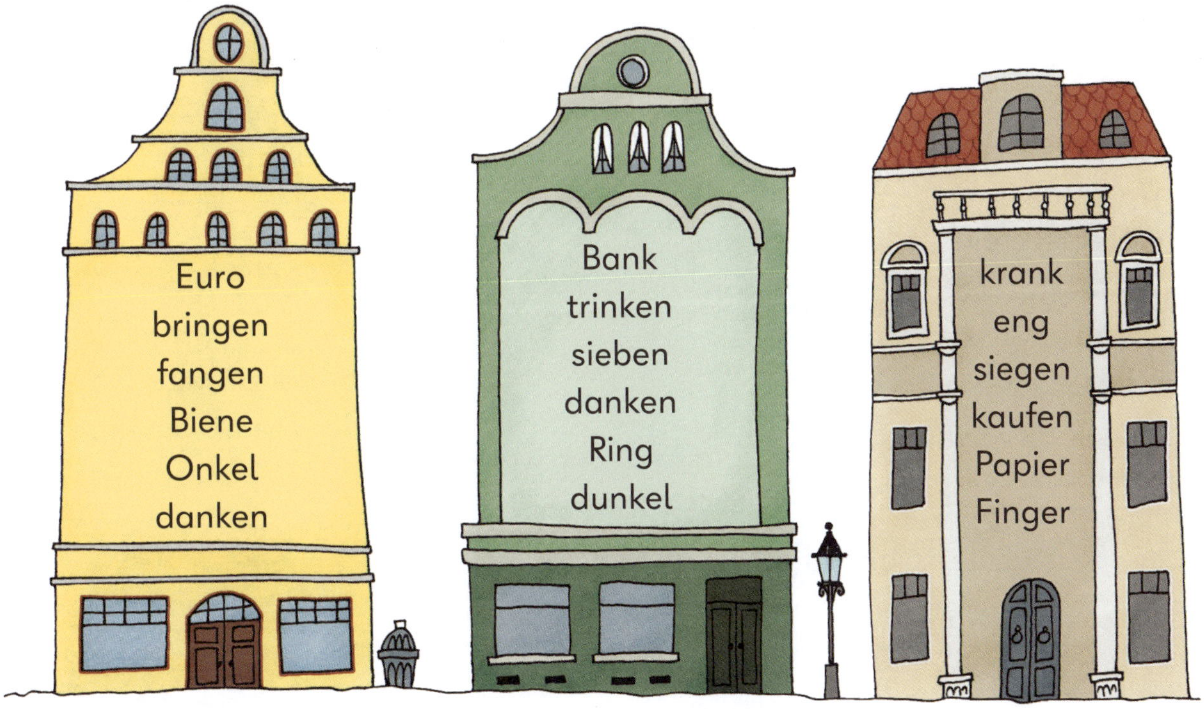

________ ________ ________

________ ________

____

1 Lies die Wörter von hinten nach vorn.
Schreibe das Wort richtig auf und verbinde.

lebeiwZ	______
tneC	______
eneiB	______
knaB	______
gniR	______
feirB	______

2 Nummeriere die Sätze der Bastelanleitung.
Bringe sie in die richtige Reihenfolge.

Ein Aquarium basteln

Du brauchst:
- kleine Steine oder Muscheln
- ein Glas mit Schraubdeckel
- Wasser und Sand
- Farbkasten und Pinsel

[1]

Ich schütte ein wenig Sand und lege Steine hinein. [ ]

Zuletzt bemale ich das Glas von außen mit bunten Fischen. [ ]

Nun fülle ich das Glas mit Wasser auf. [ ]

Dann drehe ich das Glas fest zu. [ ]

Name: ______________________

Das Abc schreiben

1 Ergänze die Buchstaben im Spruch.

A / / / – wenn ich zur Schule geh,

/ / / – sind alle Kinder da.

J / / / – wir schreiben schon ganz schnell,

/ / / – das tut auch keinem weh.

Qu / / / – manchmal trinke ich Tee,

/ / / – sonst lern ich nix.

Y / – heute war es wieder nett.

2 Ordne die kleinen Buchstaben nach dem Abc.

h b d j l s n q

a c i f e p

w g r x k v s z m y o u

3 Mit welchem besonderen Buchstaben kann kein Wort beginnen?

Name:

Buchstabenverbindungen in Wörtern üben

1 Verbinde. Schreibe das Tier in Schreibschrift.

SIEBENSCHLÄFER

KROKODIL

SALAMANDER

Siebenschläfer

HYÄNE

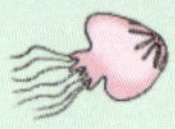

GIRAFFE

QUALLE

2 Schreibe die Wörter in Schreibschrift geordnet nach dem Abc auf.

☐ Flunder ☐ Karpfen ☐ Hai ☐ Tintenfisch

1 Aal

☐ Rochen

☐ Moräne

☐ Schildkröte

☐ Qualle ☐ Wal ☐ Delfin ☐ Lachs

Alles schwimmt

Name: ____________________

Einen Buchstaben ausfüllen

1 Fülle den Buchstaben mit Tieren in Schreibschrift.

Ameise

Auster

Antilope

Ameisenbär

Assel

Affe

Adler

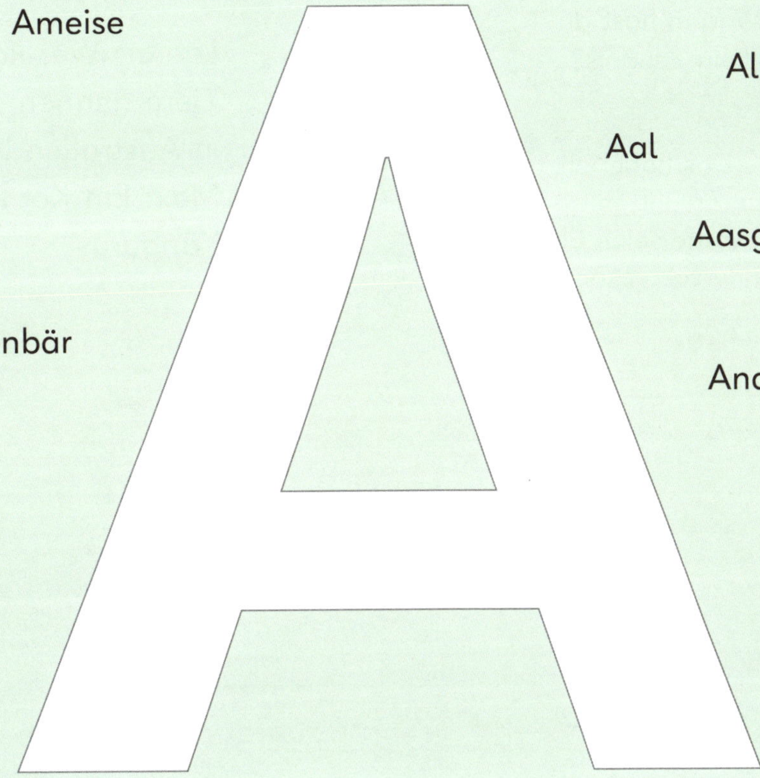

Albatros

Aal

Aasgeier

Anakonda

Amsel

Alligator

2 Finde Tiere mit K, fülle dann wieder den Buchstaben.

Katze

Rätsel und Witze

1 Wähle einen Witz aus. Übertrage ihn in Schreibschrift.

Lehrer: Wer kann mir fünf Tiere nennen, die nur in Australien leben?
Max: Ein Koala und vier Kängurus.

2 Wie muss es heißen? Beantworte die Rätselfragen.

Welches Tier wäscht seine Kleider?

Welches Tier ruft seinen Namen?

Welches Tier steht oft auf einem Bein?

Wer trägt sein Haus auf dem Rücken?

Name:

Verzauberte Buchstaben

1 Schmücke die Schreibbuchstaben des Abc aus.
Erfinde verschiedene Muster.

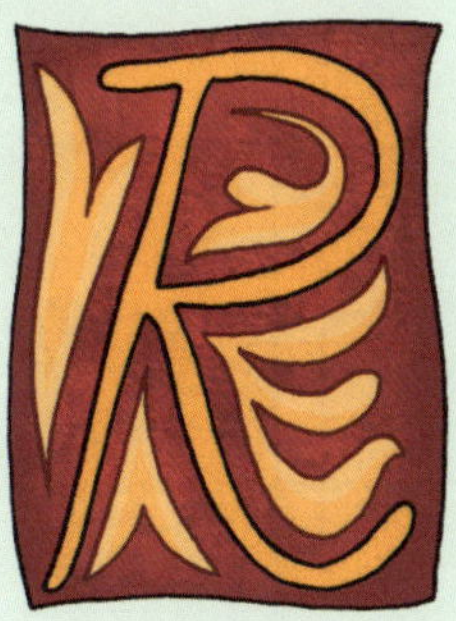

Name: ______________________

Lebensräume von Tieren

1 Kannst du alle Tiere lesen?
Wo leben die Tiere? Ordne sie in der Tabelle zu.
Schreibe sie richtig auf.

ELEFANT NIFLED RÄB
adler milan HECHT
seepferdchen FLEDERMAUS giraffe
REGIT blaumeise RENDAZ
LAWUALB zebra
TAUBE MÖWE pferd HAI

Tiere an Land	Tiere im Wasser	Tiere in der Luft
Elefant		

Mein Name

1 Schreibe deinen Namen.

in Druckschrift ______________________

in Schreibschrift ______________________

in die Kästchen ☐☐☐☐☐☐☐☐☐☐☐

mit Bleistift ______________________

mit deinem Lieblingsstift ______________________

rückwärts ______________________

ohne Selbstlaute ______________________

in einer Geheimschrift ______________________

deine Unterschrift ______________________

2 Schreibe deinen Namen in großen Buchstaben auf.
Spiegle dann deinen Namen.

______________________ Anna

____

1 Das Wort **Freund** gibt es in vielen Sprachen, in welchen?
Schreibe es in den verschiedenen Sprachen.

Französisch • Spanisch • Japanisch • Russisch • Türkisch • Englisch

Deutsch	Freund	
	friend	
	amigo	
	ami	
	arkadas	
	друг	
	友人 Tomodachi	

2 Schreibe und male gleichzeitig.

Turm

Schnecke

Regenwurm

Brücke

Name: ________________

Eine Geschichte schreiben

1 Ergänze die Sätze.

Frühlingsputz

Heute sollen alle im Garten helfen.

Der Himmel

Wir stellen die alte Bank in die Sonne. Sie bekommt frische Farbe.

Die Kinder

Mit der Gießkanne

Alles blüht und Nele entdeckt eine Libelle auf dem Wasserfass.

2 Schreibe die Geschichte weiter.

Wörter zusammensetzen

1 Bilde zusammengesetzte Substantive/Nomen.

Kuchen Stück Apfel

Kloß Kartoffel Brühe

2 Schreibe in Sätzen auf, wie deine Gurkenschlange entsteht.

Du nimmst:

- eine grüne gewaschene Gurke
- klein geschnittenes Brot
- in Würfel geschnittene Wurst
- ein Stück rote Paprika

Wir üben richtig schreiben M

1 Kreuze die richtigen Aussagen an.

	richtig	falsch
Kühe gehören nicht zu den Nutztieren.		
Im Frühling blühen viele Blumen.		
Wölfe haben fünf Zehen am Vorderfuß.		
Frühblüher haben unterschiedliche Blüten.		
Die Hufe der Rehe bezeichnet man als Schuhe.		

2 Wähle einen Kasten aus. Schreibe eine lustige Geschichte, in der alle drei Wörter vorkommen.

Ruhe	Truhe	Krähe
Rehe	Schuhe	Reihe
Mühe	Brühe	Kühe

Name:

Wir üben richtig schreiben

1 Welcher doppelter Mitlaut passt?
Setze danach die Wörter in den Lückentext ein.

nn   tt   ll   ss   pp   mm

So ___ e   Zi ___ er   fa ___ en   Hi ___ el   We ___ er   zusa ___ en

So ___ er   schne ___   Bu ___ er   wo ___ en   Wa ___ er   Tre ___ e

Sternschnuppen ________ vom ________.

Das ________ ist im ________ oft sehr schön.

Die ________ scheint durch das Fenster in das ________.

Dann zerfließt ________ die ________.

Meine Freunde ________ ________ baden.

Über eine ________ geht es ins ________.

2 Schreibe mit beiden gewürfelten Wörtern eine Wortgruppe.

⚀	Kopf	lang
⚁	Wolke	fünf
⚂	Hals	hundert
⚃	Lampe	bunt
⚄	Farbe	kurz
⚅	Wort	gelb

____

____

____

____

____

____

1 Ordne den Texten die passende Überschrift zu.

Tim und Nele bemalen Ostereier. Damit schmücken sie den Strauch in der Blumenvase. Es ist ein großer, bunter Strauch.

Lara will ihren Hasen Mümmel im Garten füttern. Aber die Tür vom Käfig ist offen. Sie kann Mümmel nicht finden.

Levin und Karl entdecken im Park ein Eichhörnchen. Es springt lustig von Ast zu Ast und klettert immer höher in die Baumkrone.

Der Räuber

Ein Kletterkünstler

Ostern

Wo ist Mümmel?

2 Nummeriere die Sätze in der richtigen Reihenfolge.

Kleine Tiere im Zimmer

Du brauchst:
- kleine Steine oder Muscheln
- Farbkasten und Pinsel
- wasserlöslichen farblosen Lack

1

Zuletzt streiche ein wenig durchsichtigen Lack darüber.

Lass alles gut trocknen.

Wenn der Stein trocken ist, kannst du ihn mit einem Tier bemalen.

Zuerst musst du den Stein gut abwaschen. Nimm ein kleine Bürste.

3 Welches Tier möchtest du basteln? Schreibe es auf.

Name: ______

Tierrätsel

1 Welches Tier ist es? Setze den Namen ein.

Nashornisse
Krokodigel
Schneckkänguru
Kamelefant
Ameidechse

Ich habe einen langen Rüssel und zwei große Höcker.

Ich bin ein ________________.

Ich trage mein Haus allein und kann auch hüpfen.

Ich bin ein ________________.

2 Erfinde dein Fantasietier. Male und beschreibe es.

Informationen zu Tieren

1 Zu welchen Sätzen passen die Fragen? Schreibe auf.

Wie orientieren sich Erdmännchen?	Wie verhalten sie sich bei Gefahr?
Wo leben Erdmännchen?	Was bauen Erdmännchen?

Erdmännchen leben im südlichen Afrika.

Sie bauen Höhlen und leben in festen Erdspalten.

Sie beobachten hoch aufgerichtet die Umgebung.

Droht Gefahr, stoßen sie einen Alarmruf aus und verschwinden blitzschnell in den unterirdischen Bau.

2 Woher hat das Meerschwein seinen Namen?
Finde es heraus und schreibe es auf.

Das Meerschwein macht Quieklaute und erinnert uns im Aussehen an ein Schwein. Man denkt, dass es spanische Seeleute übers Meer mitgebracht haben. Es kommt aus Südamerika. In Peru wurde es von Indianern als Haustier gehalten. Sie nennen es Quwi und später wurde daraus das spanische Wort Cuy.

Wortbausteine

1 Bilde neue Verben, die zum Bild passen.

auf/an/mit **ziehen** 

an/auf/um **rufen** 

vor/hin/um **lesen** 

auf/um/bei **machen** 

ein/aus/durch **packen** 

unter/weg/ab **fahren** 

2 Schreibe deine eigenen Wörter auf.

an 

um 

ab 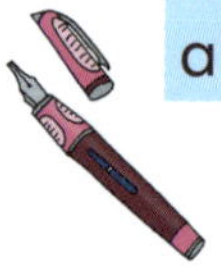

auf 

zu 

mit 

aus 

Wortbausteine verändern die Bedeutung

1 Setze einen passenden Wortbaustein ein.
Schreibe das zusammengesetzte Verb unter den Satz.

Der Siebenschläfer **sieht** so ähnlich ______ wie das Eichhörnchen.

____

Er **schläft** Mitte September ______ und **wacht** im Mai wieder ______.

____

Davor **frisst** er sich eine dicke Speckschicht ______.

____

Meist **graben** sich die Tiere in kleine Erdhöhlen ______.

____

Von Anfang August bis Mitte September **ziehen** sie ihre Jungen ______.

____

2 Wahr oder falsch? Kreuze an.

	richtig	falsch
Der Siebenschläfer schläft von Dezember bis Januar.	☐	☐
Der Siebenschläfer frisst sich eine Speckschicht an.	☐	☐
Der Siebenschläfer baut sein Nest hoch oben im Baum.	☐	☐
Der Siebenschläfer ähnelt dem Eichhörnchen.	☐	☐
Im Frühling zieht der Siebenschläfer seine Jungen auf.	☐	☐

Name: ______________________________

Wir üben richtig schreiben

1 Ergänze die Lücken mit **ck** oder **tz**.
Schreibe alle Wörter mit **ck** nach dem Abc geordnet auf.

die Schne___e die Le___erei der Scha___ die Pa___ung

das Schni___el der De___el die Spi___e die Ta___e

der Sto___ der Bä___er der Spa___

2 Kuddelmuddel – Schreibe die Zusammensetzungen richtig mit Artikel auf.

Schnitzelschlag

Satztruhe

Blitzfleisch

Schatzende

Katzenfigur

Witzjammer

1 Welches Tier schafft was an einem Tag?
Trage die richtige Verbform ein.

trinken fressen laufen schlafen

An einem Tag …

schlafe ich fast 20 Stunden.

_____ ich ungefähr 50 km.

_____ ich mindestens 100 Liter.

_____ ich etwa 70 Kilo Blätter.

2 Schreibe ein Gedicht in der Form.

_____
_____ und _____
_____
_____ und _____
_____
_____ und _____
_____, _____ und _____
_____

Zebra
Zebra und Nashorn
Nashorn
Nashorn und Büffel
Zebra
Zebra und Büffel
Zebra, Nashorn und Büffel
und ein Leopard

Name: _____

Schule in anderen Ländern

1 Verbinde immer 3 passende Teile mit gleicher Farbe.

Wir haben Englisch ab Klasse 5. und Dänisch ab Klasse 7.

Hausaufgaben

Die Grundschule heißt Grunnskoli.

Fremdsprachen

Nur selten gibt es Hausaufgaben.

Vorfahren

Wir lieben Softeis mit Schokoüberzug.

Name für Grundschule in Island

Wir Isländer lesen und singen gern.

beliebte Eissorte

Wir lernen auch viel über unsere Vorfahren, die Wikinger.

Hobby

Wir üben richtig schreiben M

1 Würfele dreimal. Schreibe die lustigsten Sätze auf.

1	Zahn	1	wohnen	1	Baum
2	Ohr	2	nehmen	2	Schwimmbad
3	Uhr	3	bezahlen	3	Fußball
4	Jahr	4	zählen	4	Schokoeis
5	Zahl	5	fahren	5	Badewanne
6	Frühling	6	sehen	6	Telefon

1 5 3

Der Zahn fährt zum Schwimmbad.

SF S. 102

Name:

Wir üben richtig schreiben M

1 Suche alle Formen von **ihr, unser** und **euer**. Male die Felder bunt an.

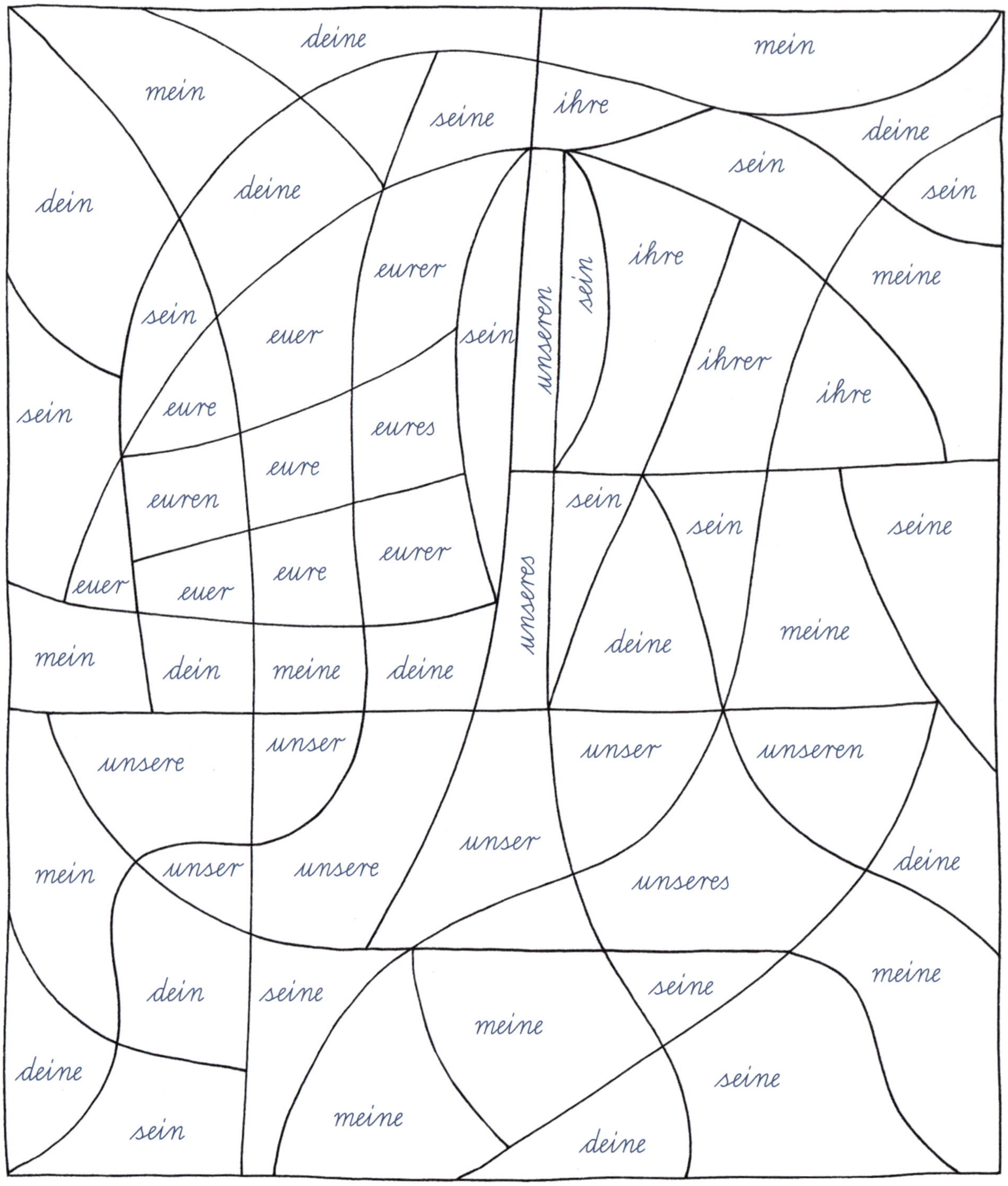

2 Welche Wörter kannst du noch entdecken? Schreibe sie auf.

Namen bei uns und anderswo

1 Wie heißen die Kinder in den verschiedenen Ländern? Auf dem Weg findest du ihre Namen.

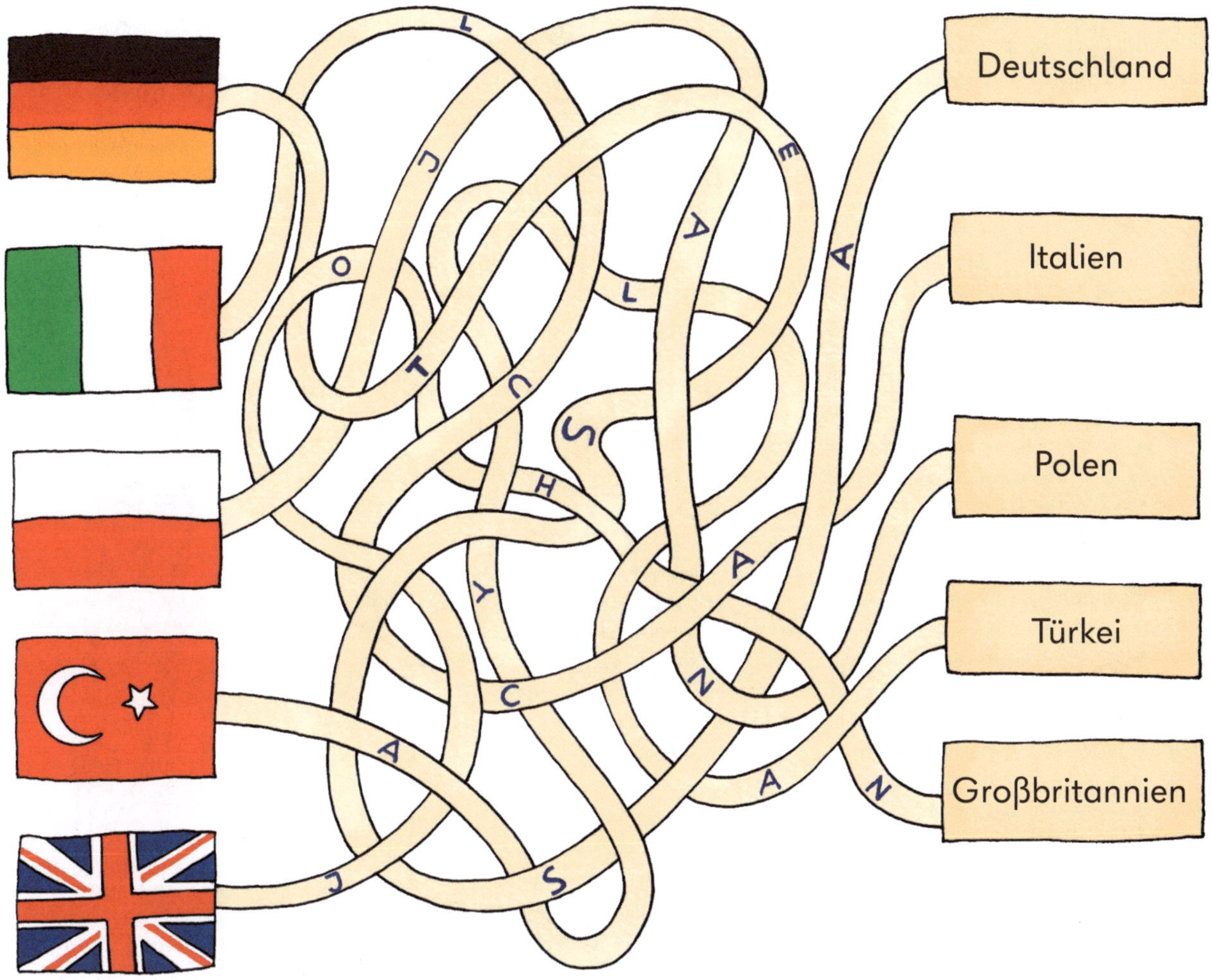

2 Trage die Namen ein. Suche dir eine Flagge aus und male sie.

Deutschland: ______________________

Großbritannien: ______________________

Polen: ______________________

Italien: ______________________

Türkei: ______________________

Entschuldigen und bedanken

1 Welche Wörter fehlen in Finns Einladung?
Schreibe dein Lösungswort neben das richtige Zeichen.

Meine Lösung:

■	uns	▲	
●		◉	
✶		✱	
⬟		✤	
♦		✖	

1 Wie heißen die Kinder? Lies genau, dann kannst du lösen.

Paul ist ein guter Schwimmer.

Max spielt in einer Fußballmannschaft.

Susi kann leider nicht kommen.

Oskar fährt mit dem Bus zur Geburtstagsfeier.

Leon hat den kürzesten Schulweg.

Paul und Max sind Freunde.

2 Was könnte sich Paul zum Geburtstag wünschen? Kreuze an.

- ☐ eine große Tüte Bonbons
- ☐ eine neue Schwimmbrille
- ☐ ein Buch über Pferde
- ☐ ein paar neue Turnschuhe

3 Welche Sätze sind für die Lösung unwichtig? Streiche sie durch.
Wie bist du auf die Lösung gekommen? Schreibe es auf.

4 Wer könnte eine Entschuldigung schreiben?

Name:

Unsere Schulbibliothek

1 Lies genau und beantworte die Fragen.

Seit einer Woche ist unsere neue Schulbibliothek offen. Jetzt gibt es viel Platz für alle.

Jeden Freitag liest uns ein Lehrer vor.

Die Bibliothek hat von Montag bis Donnerstag geöffnet. Einige Schüler der dritten und vierten Klassen dürfen dort helfen.

Es macht noch mehr Spaß, Bücher, Zeitschriften, Spiele oder CDs auszuleihen.

1. Seit wann ist die neue Bibliothek geöffnet?
   - ☐ seit Montag
   - ☐ seit zwei Wochen
   - ☐ seit einer Woche

2. Wann hat sie geöffnet?
   - ☐ täglich
   - ☐ nur Montag und Donnerstag
   - ☐ von Montag bis Donnerstag

2 Lies noch einmal ganz genau.
Streiche immer das falsche Wort durch.

Einige Schüler der zweiten und vierten Klasse dürfen dort helfen.

Jetzt gibt es viel Platz für uns.

Jeden Mittwoch liest uns ein anderer Lehrer vor.

3 Stelle eine passende Frage zu dieser Antwort. Schreibe sie auf.

Frage: ____

____

Antwort: Es gibt Bücher, Zeitschriften, Spiele oder CDs auszuleihen.

Klein und groß

1 Bilde für die unterstrichenen Wörter eine Verkleinerungsform.

Riese Balthasar will moderner werden.
Er kauft sich einen Computer, eine Spülmaschine,
einen Staubsauger und ein schnelles Auto.
Für seinen Rasen holt er einen Mähroboter.
Das alles wollen nun auch die Zwerge.
Was müssen sie kaufen?

ein Computerchen,

2 Hier sind die Märchensprüche verdreht. Berichtige.

„Mäuslein, Mäuslein an der Wand, wer ist die Schönste im ganzen Land?“

„__________, __________ an der Wand, ...?“

„Fischlein, deck dich, Goldesel streck dich,
Knüppel aus dem Sack!“

„__________, deck dich, ...!“

„Die guten ins Tütchen, die schlechten ins Hütchen.“

„Die guten ins __________,
die schlechten ins __________.“

Wir üben richtig schreiben M

1 Löse das Rätsel. Alle Lösungswörter beginnen mit einem **V**.

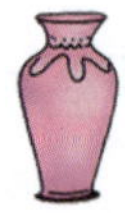

V A S E

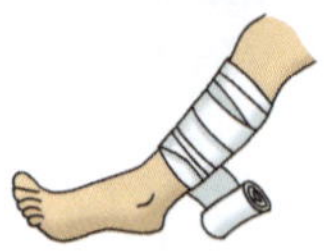

2 Male die Wörter einer Wortfamilie immer mit derselben Farbe an.

Verkehr	vorsehen	versteckt	verbinden	verstecken
binden	suchen	verkehren	versuchen	gesucht
stecken	Verband	versehen	Vorsicht	verbunden
verkehrt	vorsichtig	Versteck	umkehren	Versuch

Wir üben richtig schreiben **M**

1 Zu diesem Bild hat Tina geschrieben.
Wie hat sie das gemacht?

Ein Eisbär
ein weißer Eisbär
ein großer, weißer Eisbär
ein riesiger, großer, weißer Eisbär
steht auf einer Eisscholle.

2 Probiere es auch aus. Verwende diese Adjektive.

süß • groß • lecker • heiß

Ein Eis
ein Eis
ein

mit Himbeeren

Eine Bücherreise

1 Verbinde immer Klappentext, Buchtitel und Bild miteinander.
Streiche falsche Titel durch.

Ein neuer Fall für Klara Kniffel.
Die mutige Detektivin ist
diesmal in einer alten
Burgruine unterwegs.
Wird sie den Spuk beenden?

Mit Katze Mauzi
durch die Welt

Luisa freut sich auf Ferien
auf dem Ponyhof. Doch
schon am 1. Tag passiert es.
Pony Paul ist weg!

Burgruine
Schreckenstein

Dinos – Helden der Urzeit?

Ponyalarm in Altstätten

2 Hier kannst du selbst schreiben und malen.

1 Welche Fragen und Antworten passen zusammen?
Male sie mit gleicher Farbe aus.

Welche Tiere haben mehr als 4 Beine?

Am schlimmsten finde ich Gewitter in der Nacht.

Wo warst du gestern Abend?

Das könnte nur der Pechpilz sein.

Was ist das Gegenteil von Glückspilz?

Da fallen mir die Spinne und der Tausendfüßler ein.

Welches Eis isst du am liebsten?

Meine Eltern waren mit mir im Kino.

Was sagt die Null zur Acht?

Du meinst bestimmt den Globus.

Welcher Bus kann nicht fahren?

Du hast aber einen schönen Gürtel.

Egal. Nur Zitrone schmeckt mir gar nicht.

2 Eine Frage fehlt noch.
Denke sie dir aus und schreibe sie in die Lücke.

Name: ____________________

Gespensternamen

1 Weißt du, wie die Geister heißen?
Verbinde immer das Bild mit dem Namen.

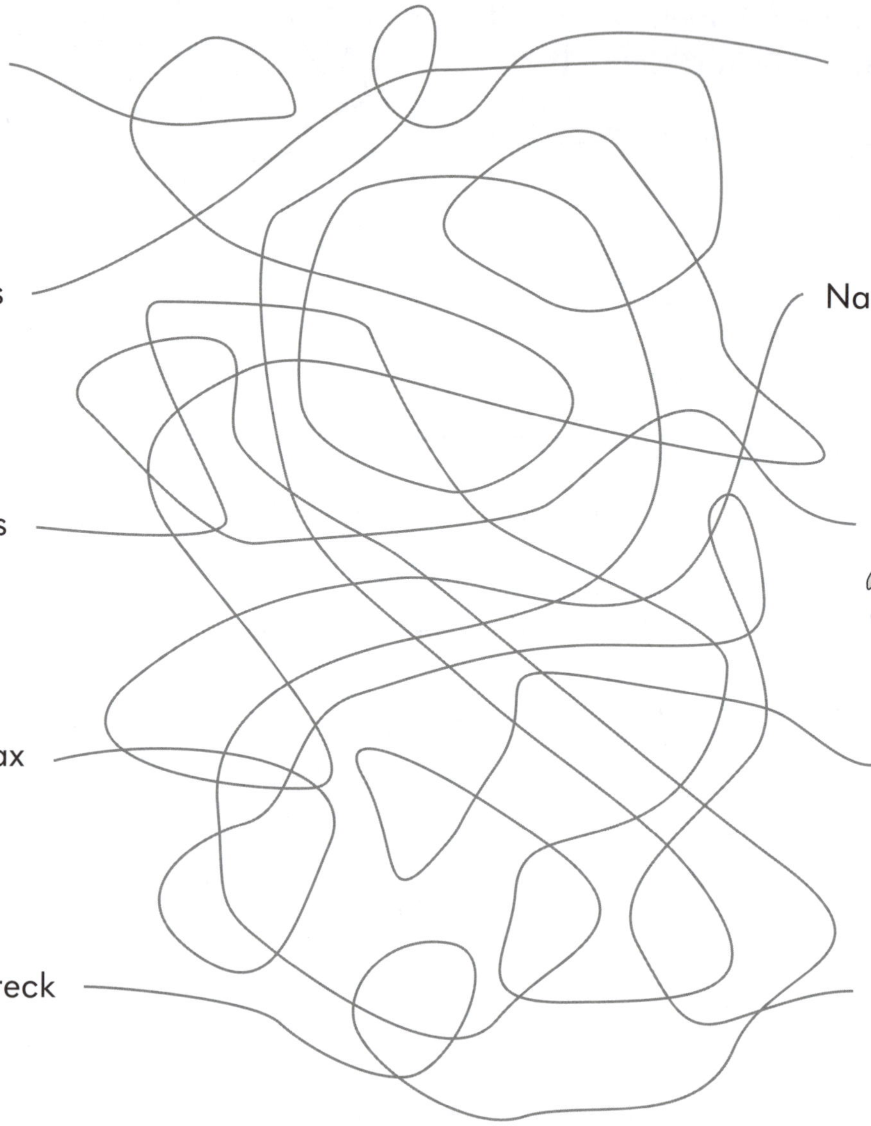

Fabulix — Flaschengeist

Flattikus — Nachthemdgeist

Glasinus — Schmutzgeist

Spritzofax — Büchergeist

Speckidreck — Wassergeist

2 Zu welcher Geisterart könnten diese Geister wohl gehören?

Hustikus ist ein Hustengeist.

Polterinus

Spaßofix

Turmifax

Etwas über Gespenster schreiben

1 Reime weiter und beende die Geistersprüche.

Fabulix,
der Büchergeist

Ene, mene, aufgewacht,
am liebsten lese ich bei ________.

Flattergeist und Mäusedreck,
mein liebstes Nachthemd, das ist ________.

Flattikus,
der Nachthemdgeist

Glasinus,
der Flaschengeist

Holter, polter, Aktentasche,
wo ist meine Geister________?

Spritzi, flitzi, Wasserfass,
ich mache alle pitsche________.

Spritzofax,
der Wassergeist

Speckidreck,
der Schmutzgeist

Eene, mene, widerlich,
ich mach dein Zimmer ________.

Wir üben richtig schreiben

1 Löse das Mehrzahl-Rätsel. Alle gesuchten Wörter haben ein Ä oder ä.
Suche im Wörterbuch.
Schreibe die Lösung und die Seite auf.

suche unter Buchstabe	dein Rätsel	deine Lösung	gefunden auf Seite
A	Ein Baum hat viele davon.	die Äste	
B	Darauf kann man im Park sitzen.		

D	Sie sind auf jedem Haus und schützen vor Regen.		
G	Sie schnattern laut.		

H	Sie krähen.		
K			
N	Sie kann man in die Wand einschlagen.		
R	Davon hat ein Auto vier.		
W	Dort wachsen viele Bäume.		
Z	Sie sind in deinem Mund.		

Wir üben richtig schreiben M

1 Welche Wörter passen nicht? Streiche sie durch.
Kreise immer die passende Begründung ein.

die Pflanze • die Pflaume • das Pferd • der Pflug

- S Wort hat mehr Silben
- P Wort ist kein Substantiv/Nomen
- F Wort hat kein Pfl
- Z Wort gefällt mir nicht

ernten • pflanzen • er pflegt • pflügen

- K ist kein Verb
- A Wort hat kein „e“
- I Wort steht nicht in der Grundform
- M Wort ist falsch geschrieben

Kornernte • Sturmwind • Osterhase • Herbstnebel

- E ist kein Substantiv/Nomen
- T Wort passt nicht zum Herbst
- W Wort ist ein Adjektiv
- Ü Wort ist falsch geschrieben

Lösungswort: Du bist ___ ___ ___.

2 Denke dir jetzt selbst die richtige Begründung aus.
Es gibt mehrere Möglichkeiten.

Obst • Pflaume • Pflaster • Birne

Wir üben richtig schreiben M

1 Male alle Wörter mit **St/st** so an: Wörter mit STE = grün,
Wörter mit STI = rot, Wörter mit STR = gelb, Wörter mit STU = orange,
Wörter mit STA = blau. Welches Bild kannst du nun sehen?

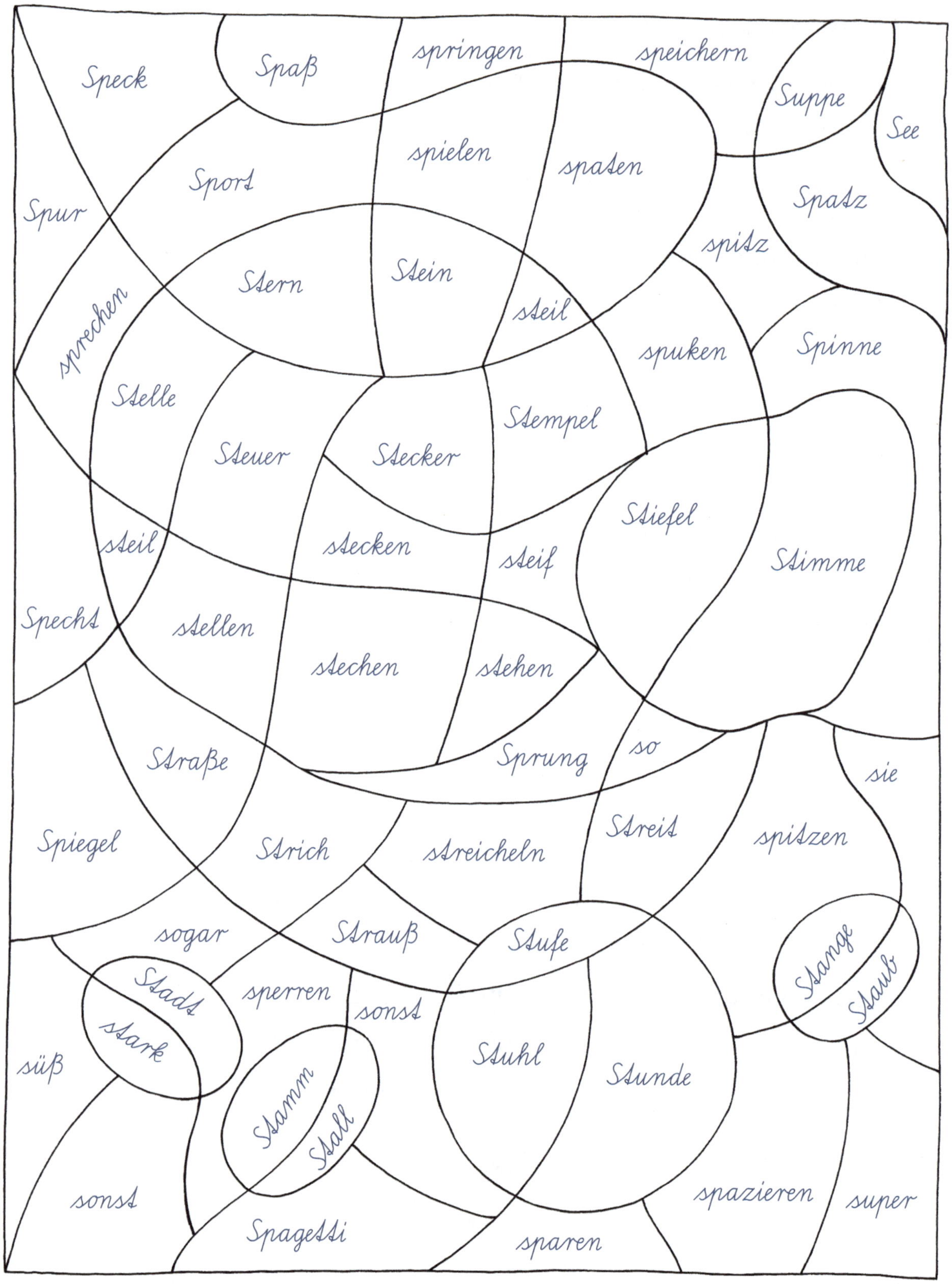

1 Kannst du das lesen? Schreibe die Wörter richtig daneben.

ernten ______

Antwort ______

Herbst ______

Wurst ______

Pflaume ______

pflanzen ______

2 Lies beide Texte genau. Markiere die Fehler im 2. Text.

Unsere Hündin heißt Ella.
Sie ist ziemlich groß und
ganz schön schwer.
Ella passt immer gut auf uns
auf. Sie spielt auch gerne mit
anderen Hunden.
Ella mag aber keine fremden
Katzen.
Wir gehen mit unserem Hund
jeden Tag nach draußen.

Unsere Hündin heißt Elsa.
Sie war ziemlich groß und
ganz schön schwer.
Ella passt immer eine auf uns
auf. Sie spielt auch ganz mit
anderen Hunden.
Ella mag aber kleine fremden
Katzen.
Wir gehen mit unserem Katze
jeden Tag nach draußen.

3 Die markierten Wörter ergeben einen Lösungssatz.

Lösung: ______

Name: ______

Eine Postkarte schreiben

1 Wer könnte diese Nachrichten geschrieben haben?
Lies genau und finde immer den Absender heraus.

Paula schreibt ihrer Freundin ins Krankenhaus.
Siggi verabredet sich mit seinem Freund zum Motorradfahren.
Luis schreibt gar nicht.
Oma und Opa schreiben Tim aus dem Urlaub.
Ein Mädchen schreibt ihrer Oma eine Geburtstagskarte.

Hallo Großer,
viele stürmische Grüße aus Usedom.
Wir baden und spazieren viel
am Strand. Opa hat schon
tolle Muscheln und Steine für dich
gesammelt.

Diese Nachricht ist von ____________________

an ____________________

Liebe Luisa,
ich wünsche dir alles Gute und
dass du bald wieder bei uns bist.
Ich denke immer an dich.
Werde ganz schnell gesund!

Diese Karte ist von ____________________

an ____________________

Hi Ben,
Abfahrt morgen 9.00 Uhr bei dir?
Soll schönes Wetter werden!

Diese Nachricht kommt von ____________________

an ____________________

Liebe Omi,
alles Gute zum Geburtstag.
Bleib schön gesund. Ich habe
dich ganz doll lieb.

Diese Karte schreibt ____________________

an ____________________

Wortfelder

1 Schreibe immer das passende Verb in die Lücken.

Der Löwe gackert in der Savanne.
Meine Katze brüllt leise auf dem Sofa.
Die Hühner krächzen im Bauernhof.
Ein großer Hund schnurrt am Gartenzaun.
Der schwarze Rabe piepst auf dem Ast.
Die kleine Maus bellt im Kornfeld.
Die Schlange brummt leise.
Die dicke Hummel faucht in der Blüte.

Der Löwe ____________ in der Savanne.

Meine Katze ____________ leise auf dem Sofa.

Die Hühner ____________ im Bauernhof.

Ein großer Hund ____________ am Gartenzaun.

Der schwarze Rabe ____________ auf dem Ast.

Die kleine Maus ____________ im Kornfeld.

Die Schlange ____________ leise.

Die dicke Hummel ____________ in der Blüte.

2 Schreibe alle Verben in das Wortfeld hinein.

bellen ____________ ____________ ____________ ____________ ____________ ____________ ____________

Name: ____________

Sommerwörter

1 Lena hat ein Gedicht geschrieben. Überlege dir auch Sommerwörter.

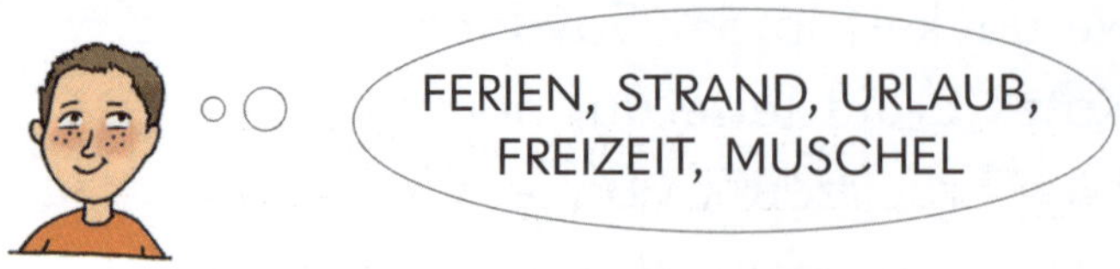

Sonne

Oma besuchen

Meer

Melone

Eis essen

Rad fahren

2 Suche dir ein Sommerwort aus und schreibe es untereinander. Denke dir dann für jeden Buchstaben ein Wort oder eine Wortgruppe aus.

Wir üben richtig schreiben

1 Sieh dir das Beispiel an. Kannst du das auch?

	1	2	3	4	5
A	kleine	Äste	Sträucher	starke	Gärten
B	Blätter	haben	bunte	viele	spitze
C	alte	grüne	Mäuse	Kinder	baden
D	Zähne	gern	Zäune	Bäume	im Schaum

1A 4C 5C 2D 5D

Kleine Kinder baden gern im Schaum.

1C 4D 2B 4A 2A

1A 3C 2B 5B 1D

4B 5A 2B 3B 3D

2 Wie sind diese Sätze gebaut? Schreibe die Zahlen und Buchstaben auf.

Grüne Sträucher haben viele Blätter.

Haben kleine Kinder alte Zähne?

Wir üben richtig schreiben

1 Entschlüssle die geheimen Monatsnamen. Finde zwei Fehler.

A	B	C	D	E	F	G	H	I	J	K	L	M	N	O	P	R	S	T	U
1	2	3	4	5	6	7	8	9	10	11	12	13	14	15	16	17	18	19	20

6-5-2-17-20-1-17

13-1-9-20

15-11-19-15-2-5-17

1-20-7-20-18-19

1-16-17-9-12

18-5-16-19-1-13-2-5-17

2 Löse die Rätsel.

Mein Name beginnt mit einem Monat.

In diesem Monat feiern wir Halloween.

In diesem Monat machen viele Kinder einen Laternenumzug.

Dann feiern wir den

- [ ] Marvinstag
- [ ] Markustag
- [ ] Martinstag

1 Lies das Gedicht und male die Socken genau passend aus.

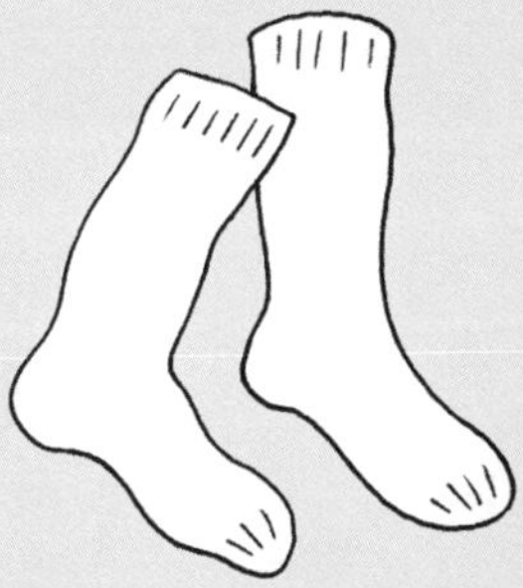
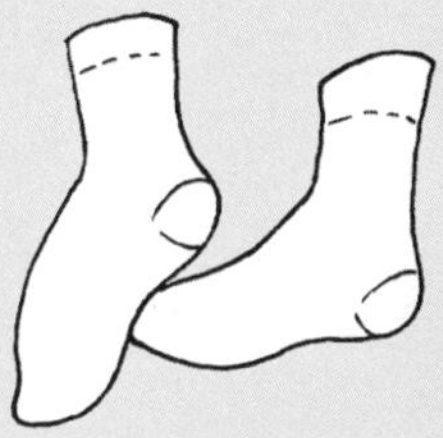
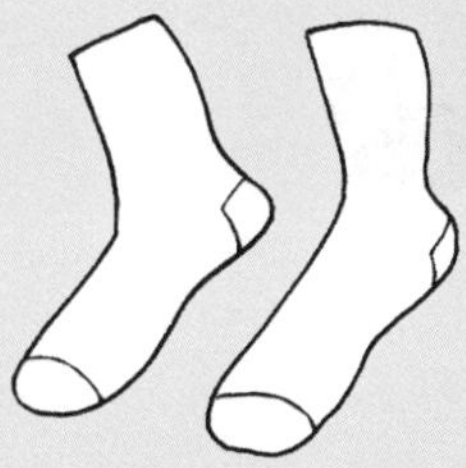
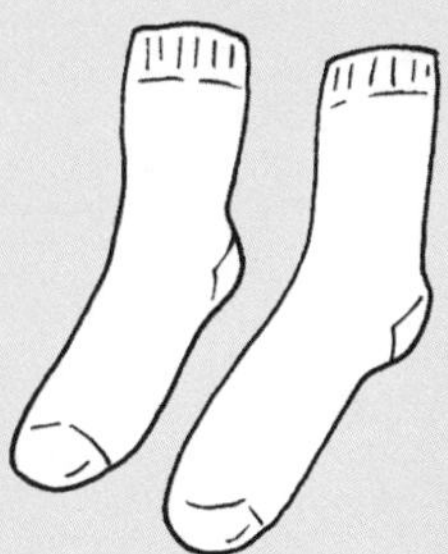
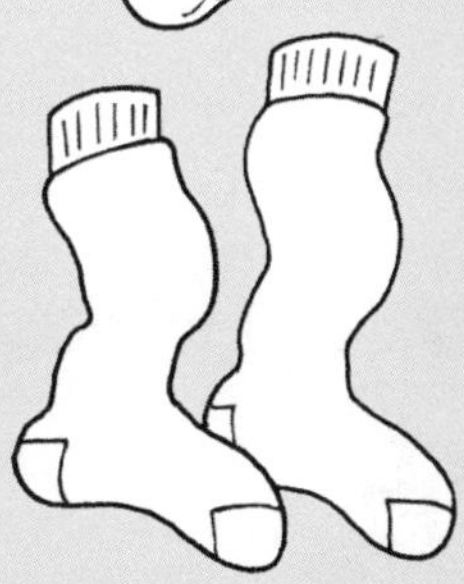
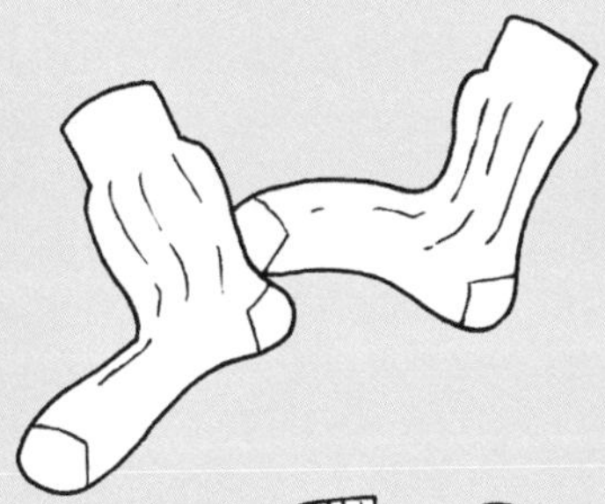

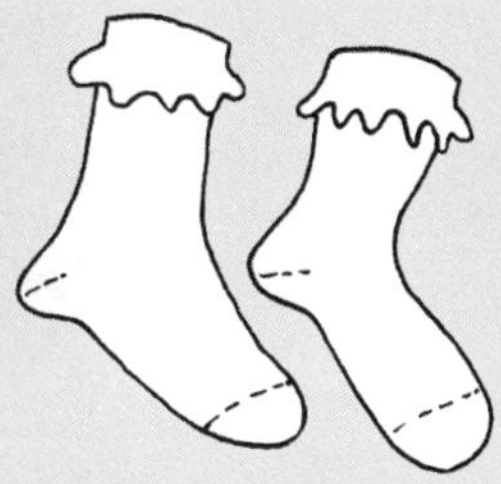
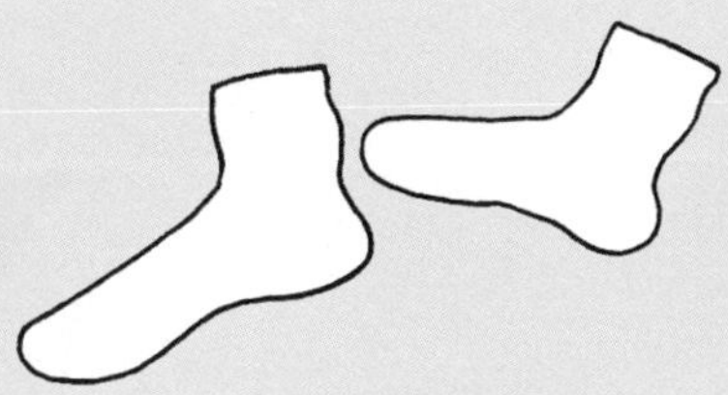
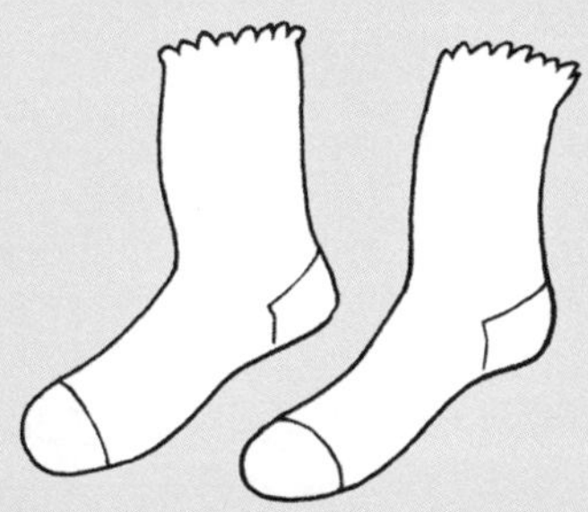
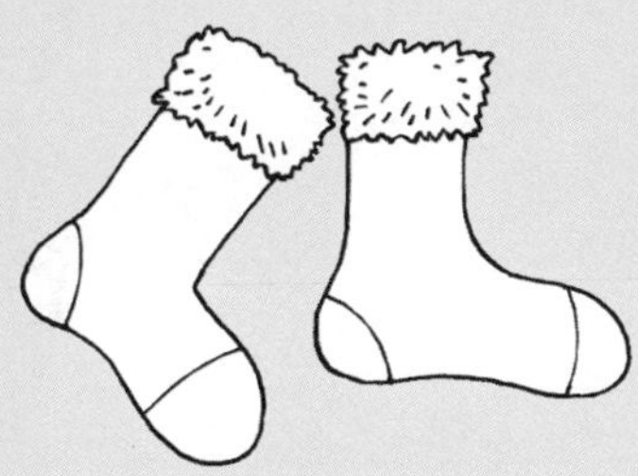

Das Jahr hat bunte Socken an

Das Jahr hat bunte Socken an,
damit es munter wandern kann:

Es trägt im Monat Januar
ein neues weißes Sockenpaar.

Und gleich danach im Februar
ein Paar, wie Eis so gläsern klar.

Erdfarbne wärmen es im März,
es wandert darin frühlingwärts.

„Was trag ich jetzt?“ Ach, im April
weiß es kein bisschen, was es will!

Die Maiensöckchen sind adrett,
so wie der Flieder violett.

Doch kommt der Juni dann daher,
mag es die wiesenbunten mehr.

Im Juli, wenn die Ähre reift,
sind seine Strümpfe gelb gestreift.

Wird's immer heißer im August,
hat es zum Barfußlaufen Lust.

Dann im September irgendwann
sind die kastanienbraunen dran.

Gleich im Oktober schlüpft's geschwind
in Socken, rotgolden sind.

Bläst der Novemberwind schon rau,
bestrumpft es sich nur grau und grau.

Erst im Dezember zieht es dann
vom Weihnachtsmann die roten an.

Christa Zeuch

Name: ____________________

Zwei Bilder vergleichen

1 Finde zehn Unterschiede im zweiten Bild. Kreise sie ein.

Name: ____________________